Bibliografische Information der Deutschen Nationalbibliothek:

Die Deutsche Bibliothek verzeichnet diese Publikation in der Deutschen National-
bibliografie; detaillierte bibliografische Daten sind im Internet über http://dnb.d-
nb.de/ abrufbar.

Impressum:

Copyright © 2009 GRIN Verlag, Open Publishing GmbH
Druck und Bindung: Books on Demand GmbH, Norderstedt Germany
ISBN: 9783640575930

Dieses Buch bei GRIN:

http://www.grin.com/de/e-book/142965/qualitaetsverbesserung-im-anforderungs-
management-auf-basis-des-managementkonzeptes

Sascha Laibold

Qualitätsverbesserung im Anforderungsmanagement auf Basis des Managementkonzeptes EFQM in Großunternehmen

GRIN Verlag

GRIN - Your knowledge has value

Der GRIN Verlag publiziert seit 1998 wissenschaftliche Arbeiten von Studenten, Hochschullehrern und anderen Akademikern als eBook und gedrucktes Buch. Die Verlagswebsite www.grin.com ist die ideale Plattform zur Veröffentlichung von Hausarbeiten, Abschlussarbeiten, wissenschaftlichen Aufsätzen, Dissertationen und Fachbüchern.

Besuchen Sie uns im Internet:

http://www.grin.com/

http://www.facebook.com/grincom

http://www.twitter.com/grin_com

Qualitätsverbesserung im Anforderungsmanagement auf Basis des Managementkonzeptes EFQM in Großunternehmen

Projektarbeit
Im Virtuellen Weiterbildungsstudiengang Wirtschaftsinformatik

Sascha Martin Laibold
VAWI 10. Fachsemester

01. Juli 2009

Inhalt

1 Steigerung der Effizienz des Anforderungsmanagements durch kontinuierliche Qualitätsverbesserung

1.1 Motivation

Insbesondere Großunternehmen können aus wettbewerbsorientierter Sicht von einer strategischen und nachhaltigen Verbesserung des etablierten Anforderungsmanagements profitieren. Bereits in der Phase der Anforderungsanalyse werden die Grundlagen für die spätere Kundenzufriedenheit und den ökonomischen Erfolg geschaffen. Um Wettbewerbsvorteile auszubauen ist ein kontinuierlicher, inkrementeller und evolutionärer Verbesserungsprozess erforderlich. Die Notwendigkeit ergibt sich aufgrund folgender Faktoren:

- steigende IT-Kosten,
- wachsendes Volumen an Anforderungen,
- komplexe und kaum noch beherrschbare Systemlandschaft,
- kaum noch kalkulierbare operative Risiken,
- unzureichende Servicequalität.

Ein Großteil der Unternehmen hat sich in den letzten Jahren bereits einem grundlegenden Strukturwandel unterzogen. Geschäftsprozesse wurden reorganisiert und formalisiert, Kosten gesenkt und Maßnahmen zur Steigerung der Flexibilität sowie Produkt- und Prozessqualität umgesetzt. Wie der eingeschlagene Weg durch eine Optimierung des Anforderungsmanagements systematisch und wirksam flankiert werden kann, ist Gegenstand dieser Arbeit. Ein hoher Reifegrad als Zielgröße im Anforderungsmanagement wirkt sich positiv in den Dimensionen Zeit, Qualität und Kosten aus und birgt ein enormes Potenzial. Leitidee dieser Arbeit ist die systematische Unterstützung des Strebens nach Excellence im Anforderungsmanagement durch ein bewährtes Managementkonzept, dem EFQM-Modell (Qualitätsmanagementsystem der European Foundation for Quality Management).

1.2 Zur Aktualität und Relevanz der Thematik

„Derzeit findet gleichzeitig in allen Ländern der Welt eine Rezession statt." (vgl. Interview mit Frau Dr. Angela Merkel am 11.03.2009, veröffentlicht in [BPA06, S.1]) „Nach Auffassung der meisten Ökonomen ist Deutschland auf dem Weg in die schlimmste Wirtschaftskrise seit 1949." (vgl. [BMAG09]) Es kann davon ausgegangen werden, dass die Rezession sehr viel heftiger sein und länger dauern wird als bislang befürchtet. In dieser Krisensituation wird dem Streben nach Excellence eine zentrale Bedeutung beigemessen.

Um weiter erfolgreich am Markt bestehen zu können, müssen Softwareanbieter in der Lage sein, die hohen Anforderungen von Softwarenutzern einerseits möglichst bedarfsgerecht und andererseits möglichst zeitnah zu erfüllen. In diesem Zusammenhang sind Entscheidungen, ob und in welchem Umfang bestimmte Leistungen oder Produkte von externen Anbietern bezogen oder im eigenen Hause hergestellt werden sollen, obligatorisch. Neben dem Profil der Anforderungen müssen Kriterien wie Ressourcenverfügbarkeit, Zeit, Qualität, Kosten und Herstellerbindung angemessen berücksichtigt werden.

Eine Schlüsselrolle im Entscheidungs- und Steuerungsprozess nimmt das Anforderungsmanagement ein, denn durch falsche Grundsatzentscheidungen und durch Fehler, die in den frühen Phasen der Softwareentwicklung gemacht werden, können enorme Kosten entstehen, die vermeidbar sind.

Der Studie SUCCESS (SUCCESS AND FAILURE OF HARD- AND SOFTWARE PROJECTS) zufolge, haben deutsche Softwareprojekte eine Erfolgsrate in Höhe von nur 50,7 Prozent (vgl. [Bus+06, S.289]). Der viel zitierte Chaos Report 2006 der Standish Group, der sich auf Projekte *weltweit* bezieht, kommt zu noch schlechteren Ergebnissen.

Damit ist evident, die Leistungserbringung im Anforderungsmanagement unter Qualitätsgesichtspunkten näher zu untersuchen.

1.3 Zielsetzung und Konzeption dieser Arbeit

Ziel dieser Arbeit ist die Identifizierung von Verbesserungspotentialen zur Erhöhung des Reifegrades der Anforderungsmanagement-Kompetenz in Großunternehmen, um die Unternehmensergebnisse erfolgswirksam positiv zu beeinflussen.

Einleitend werden einige Begrifflichkeiten und Grundlagen beschrieben. Daran anknüpfend wird die Erfolgswirkung von Qualität im Anforderungsmanagement bestimmt.

Darauf aufbauend wird ein Ansatz aufgezeigt, wie eine systematische und kontinuierliche Fundierung der Anforderungsmanagement-Kompetenz erreicht werden kann, denn bewährte Methoden stehen bereit, um das Ziel eines effizienten Anforderungsmanagements schrittweise zu verwirklichen.

Im Rahmen dieser Arbeit wird untersucht, welchen Beitrag das EFQM-Modell als Rahmenkonzept für ein effizienteres Anforderungsmanagement leisten kann. Das EFQM-Modell ist ein Werkzeug, das Hilfestellung gibt, die eigenen Stärken, Schwächen und Effizienzpotentiale zu identifizieren. Die Kernidee dieses Werks ist, anhand des adaptierten EFQM-Modells systematisch Handlungsfelder zur nachhaltigen Verwirklichung der Ideen des Total Quality Management (TQM) für den Bereich des Anforderungsmanagements vorzuschlagen. Im Fokus steht das Streben nach Excellence.

2   Begriffliche Klärungen

2.1   Der Anforderungsbegriff

Der Anforderungsbegriff wird in der Literatur sehr unterschiedlich verwendet (vgl. [IEEE 610.12-1990], [SoSa97, S. 4], [KrBo99, S. 142], [Balz96, S. 111], [KBSt09], [NORM DIN06], [Rupp07, S. 13]).

Von Rupp, Chris / SOPHIST GROUP stammt beispielsweise folgende umfassende Sichtweise:

„Eine Anforderung ist eine Aussage über eine Eigenschaft oder Leistung eines Produktes, eines Prozesses oder der am Prozess beteiligten Personen"

[Rupp07, S. 13]

Anforderungen können während des gesamten Lebenszykluses eines Systems entstehen. Darüber hinaus ergibt sich nicht selten die Notwendigkeit, bestehende Anforderungen zu ändern. Die Herausforderung bei der Spezifikation der Anforderungen besteht darin, durch frühzeitige Konsolidierung zu möglichst stabilen Anforderungen zu gelangen.

„Der Begriff ‚**Produkt**' in der Definition meint jedoch mehr als nur ‚System', umfasst Software und Hardware und zum Beispiel auch Abnahmekriterien, Handbücher, Protokolle, Planungsdokumente und so weiter." [Rupp07, S. 13].

Die Erstellung dieser Produkte wird über einen wohldefinierten Anforderungsmanagementprozess gesteuert. Aus der Formulierung „der am **Prozess** beteiligten Personen" wird deutlich, dass die unterschiedlichsten Rollen auf das zu entwickelnde „Produkt" Einfluss nehmen. Zu nennen sind der Auftraggeber, der Benutzer, der Entwickler und weitere Stakeholder. Um die unterschiedlichen Erwartungen managen zu können, ist es von zentraler Bedeutung, die individuellen Interessen zu kennen. Eine hohe Prozessqualität ist maßgeblich für die Effizienz des Anforderungsmanagements.

2.2 Anforderungsmanagement

Literaturrecherchen fördern zutage, dass ebenso keine allgemein anerkannte Definition des Begriffes Anforderungsmanagement existiert (vgl. [KrBo99, S. 142], [LeWi99, S. 16], [Kruc03, S. 25]).

Die Definition nach Kruchten enthält die wesentlichen Aspekte:

„Anforderungsmanagement ist ein systematischer Ansatz, des Ermittelns, Verwaltens, Kommunizierens und des Managens der Änderungsanforderungen eines Software-intensiven Systems oder einer Anwendung."

Die Devise im Bereich des Anforderungsmanagements lautet:

„Do it right the first time. "

Sie zielt darauf ab, die wertvollen Ressourcen optimal zu nutzen.

Der **Ermittlung**, Präzisierung und Konsolidierung von Anwendungsanforderungen kommt dabei eine hohe inhaltliche Bedeutung zu. Im Idealfall verläuft der Analyseprozess iterativ, „[...] wobei jede Iteration neben der Formalisierung ein Review mit Kundenbeteiligung vorsieht" (vgl. [PeGo01], S.1).

Eine elementare Bedeutung kommt der Qualität der **Kommunikation** der Prozessbeteiligten zu. Dies wurde u.a. im Rahmen der Studie SUCCESS nachgewiesen (vgl. [Bus+06, S.291]). Mangelhafte oder gar fehlende Kommunikation zwischen den Prozessbeteiligten stellt eine wesentliche Fehlerquelle dar. Durch frühzeitige Bereitstellung sachgerechter Informationen durch die Prozessbeteiligten werden die Ergebnisse verbessert und die Fehlerkosten signifikant reduziert. Die Kommunikation wird durch eine effiziente Werkzeugnutzung unterstützt.

Das ökonomische Ziel der Wirtschaftlichkeit in der Entwicklung passgenauer Lösungen kann nur durch planvolles Vorgehen im Umsetzungsprozess erreicht werden. Wenn die Tätigkeit des Anforderungsmanagements darüberhinaus zur Erfolgswirksamkeit beitragen soll, ist sie als aktive **Managementaufgabe** wahrzunehmen. Wichtiger noch als ein Projekt richtig durchzuführen ist es, sich auf die richtigen, wirklich wichtigen Projekte zu konzentrieren aber auch bestimmte Projekte bewusst nicht umzusetzen. Generell ist zu hinterfragen, wie die Entscheidungen innerhalb der Organisation getroffen werden. Eine fundierte Beurteilung verlangt Informationen aus den berührten Bereichen, wie z.B. Unternehmens- / IT-Strategie, Fachabteilung, Softwareentwicklung, Marketing, Vertrieb. Der fachliche bzw. der strategische Bedarf und die Auswirkungen sind methodisch zu erheben. Dieses Wissen schafft Transparenz. Mittels Kosten-Nutzen-Analyse ist die Wirtschaftlichkeit einer Investition zu prüfen. Sie dient als wichtige und vor allem frühe Entscheidungshilfe, welche Projekte umzusetzen sind. Die effektive Steuerung der Umsetzung sowie Maßnahmen zur Kontrolle gehören zu den obligatorischen Managementaufgaben im Anforderungsmanagement. Der Anforderungsmanagementprozess muss als kontinuierlicher, permanenter Prozess in der Organisation verankert sein. „Die Erfahrungen haben [...] gezeigt, dass die Qualität eines Produkts wesentlich von der Qualität des Erstellungsprozesses beeinflusst wird." [Balz98, S. 328] Um Erfolgswirksamkeit im Anforderungsmanagement zu erreichen, besteht die Notwendigkeit, die Aufgaben ganzheitlich wahrzunehmen. Ganzheitliche Aufgabenwahrnehmung in diesem Zusammenhang bedeutet, die Aufgaben des Ermittelns, Verwaltens, Kommunizierens und des Managens von Anforderungen gesamtheitlich auszuführen. Dabei ist in dem Spannungsfeld der Dimensionen Zeit, Qualität und Kosten ein optimales Verhältnis anzustreben.

2.3　Der Qualitätsbegriff

Mit dem Qualitätsbegriff verhält es sich wie mit den zuvor behandelten Begriffen. Es existiert auch hier keine wissenschaftlich allgemein anerkannte Definition. „Selbst in den einschlägigen Normenwerken wird der Qualitätsbegriff unterschiedlich definiert" [Balz08, S. 461]. Eine Definition von Qualität findet sich in der Norm DIN 55350:

„Qualität ist die Gesamtheit von Eigenschaften und Merkmalen eines Produkts oder einer Tätigkeit, die sich auf deren Eignung zur Erfüllung gegebener Erfordernisse bezieht."

[DIN 55350, Teil 11:1995, zitiert nach Balz08, S. 460].

Unterschieden werden muss zwischen objektiver und subjektiver Ergebnisqualität. Objektive Ergebnisqualität umfasst mess- bzw. nachprüfbare Eigenschaften. Bei der subjektiven Ergebnisqualität steht der Kunde mit seinen Anforderungen im Vordergrund und die Messung erfolgt aus seiner Sichtweise. „Die höchste Qualität ist dann erreicht, wenn die Bedürfnisse und Wünsche des Kunden erfüllt wurden. Hier spielt also die Bedürfnisbefriedigung des Kunden die entscheidende Rolle und nicht etwa die technischen Eigenschaften des Produktes. Bei dieser Betrachtungsweise ist es durchaus möglich, dass ein Produkt technisch gesehen besser ist als ein anderes, aber den Bedürfnissen des Kunden trotzdem nicht genügt." [Knoll01, S. 7] Eine dauerhafte Kundenzufriedenheit ist somit untrennbar mit dem subjektiven Qualitätsbegriff verbunden. Qualität stellt ein wesentliches Instrument zum Ausbau von Wettbewerbsvorteilen dar.

2.4　Qualitätsmanagement

Qualitätsmanagement umfasst nach der Norm DIN EN ISO 8402 „alle Tätigkeiten des Gesamtmanagements, die im Rahmen des QM-Systems die Qualitätspolitik, die Ziele und Verantwortungen festlegen, sowie diese durch Mittel wie Qualitätsplanung, Qualitätslenkung, Qualitätssicherung/QM-Darlegung und Qualitätsverbesserung verwirklichen".

Das Qualitätsmanagement wirkt sich erfolgswirksam auf die Unternehmensergebnisse aus. Ökonomisch betrachtet gilt es, ein optimales Verhältnis aus den Fehlerverhütungskosten und den Fehlerkosten zu erreichen. Qualität wird immer mehr zum entscheidenden Wettbewerbsfaktor im globalen Marktumfeld. Die systematische Verwirklichung erfolgt mittels eines Qualitätsmanagementsystems, welches ein notwendiges Rahmenkonzept bereitstellt. Für die Erfordernisse des Anforderungsmanagements wird nachfolgend das EFQM-Modell zur dauerhaften Sicherstellung und Weiterentwicklung reproduzierbarer Qualität vorgestellt.

2.5   EFQM-Modell

Als Grundlage für die nachstehende Beschreibung des EFQM-Modells dient das Konzept von [EFQM03]. Bei dem EFQM-Modell handelt es sich um einen von der European Foundation for Quality Management erarbeiteten Ansatz des Qualitätsmanagements, auf Basis der drei tragenden Säulen des TQM – nämlich Menschen, Prozesse und Ergebnisse. Ein zentrales Element stellt die periodische Selbstbewertung der Unternehmensqualität anhand vorgegebener Kriterien, statt einer Fremdzertifizierung, dar. Für Unternehmen, die sich um den European Quality Award (EQA) bewerben möchten, dient das Modell als Grundlage für die Bewerbung. Aufgrund seiner offenen Struktur kann das Modell branchenunabhängig und unabhängig von der Unternehmensgröße eingesetzt werden. Es basiert auf der gleich gewichteten Betrachtung der Potenzialkriterien (Befähiger): Führung, Mitarbeiter, Politik und Strategie, Partnerschaften und Ressourcen und Prozesse - auf der einen Seite sowie der Ergebniskriterien: Mitarbeiterbezogene Ergebnisse, Kundenbezogene Ergebnisse und Gesellschaftsbezogene Ergebnisse und Schlüsselergebnisse - auf der anderen Seite. Die Ergebnisse werden in dem Modell auf die Befähiger zurückgeführt. Innovation und Lernen finden auf alle Kriterien Anwendung. Die relative Gewichtung der Wertigkeit der neun Hauptkriterien lässt sich folgender Abbildung entnehmen.

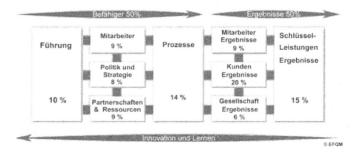

Abbildung 1: EFQM-Modell

Für die Bewertung des Reifegrades hat die EFQM mit der RADAR-Bewertungsmethode einen Bewertungsrahmen entwickelt. Die Methode erlaubt eine reproduzierbare skalierte Bewertung aller Teilkriterien des EFQM-Modells. Die konkrete Ausgestaltung lässt sich individuell anpassen. Damit ist eine Standortbestimmung in Form der Selbstbewertung durchführbar. Das Ergebnis liefert wichtige Erkenntnisse über den Reifegrad sowie über Stärken und Verbesserungspotenziale. Nach der Analyse der Verbesserungspotenziale werden daraus Maßnahmen zur Verbesserung identifiziert und konkrete Ziele definiert, die in Form von Verbesserungsprojekten umgesetzt werden.

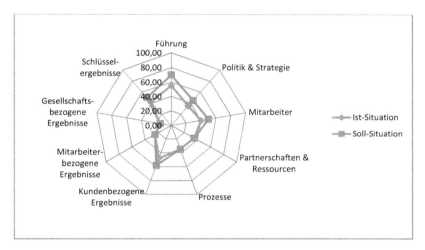

Abbildung 2: Standortbestimmung und Zieldefinition

Das Vorgehen erfolgt entsprechend der sog. RADAR-Logik die inhärent dem „Plan–Do–Check–Act - Zyklus" nach Deming folgt. Nach erfolgter Umsetzung wird der Erfolg erneut bewertet. So wird die Leistungserstellung in einem kontinuierlichen Verbesserungsprozess vorangetrieben.

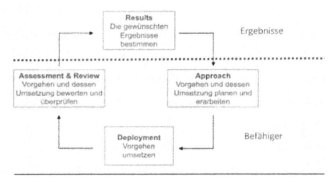

Abbildung 3: RADAR-Bewertungslogik (in Anlehnung an [Mies04], S. 82)

Das EFQM-Modell zielt auf nachhaltige Excellence. Abbildung 4 zeigt die acht Grundkonzepte, auf denen Excellence beruht.

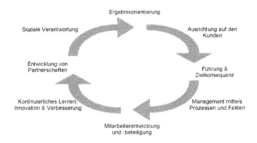

Abbildung 4: Grundkonzepte nachhaltiger Excellence

Nach den Begrifflichen Klärungen erfolgt im folgenden Kapitel eine Bestimmung der Erfolgswirkung von Qualität im Anforderungsmanagement, bevor darauf eingegangen wird, wie neue und wichtige Entwicklungsansätze anhand des EFQM-Modells systematisch identifiziert werden können.

3   Die Erfolgsrelevanz von Qualität im Anforderungsmanagement

Der unternehmerische Erfolg wird mit der Gewinn- und Verlustrechnung (GuV) dargestellt.
Er berechnet sich wie folgt:

Erfolg = Ertrag – Aufwand

In die GuV-Rechnung fließen alle Geschäftsvorgänge der Abrechnungsperiode ein und es
wird entweder ein Gewinn (positiver Erfolg) oder ein Verlust (negativer Erfolg) ermittelt.
Der Aufwand ist ein nach Handels- und Steuerrecht bewerteter Verbrauch an Ressourcen.
Der Ertrag besteht in erster Linie aus den Umsatzerlösen.

Wie der Unternehmenserfolg durch die Güte des Anforderungsmanagements beeinflusst
wird und werden kann, wird nachstehend verdeutlicht.

Es sei darauf hingewiesen, dass auf der Aufwandsseite durchaus auch Kosten aufgeführt
sind, die Investitionen darstellen. Diese Kosten werden in der GuV als Aufwand verbucht,
führen aber zu einer Kostenreduzierung, die sich zeitversetzt positiv auf den Unternehmenserfolg auswirkt. Weiterhin können sowohl sich verstärkende als auch multiple Wirkungsketten entstehen, die den Erfolg beeinflussen.

Erfolgswirkung und Einfluss des Anforderungsmanagements auf der „Aufwandsseite" des GuV-Kontos

---

Entwicklungsaufwand / Kosten für die Herstellung von Software

---

Klare und konsolidierte Vorgaben über Inhalt, Zeitschiene und Priorität von Anforderungen
senken den Entwicklungsaufwand.
Aufwandstreiber müssen erkannt und vermieden werden. Ein projektübergreifendes Anforderungsmanagement vermeidet, dass Aufgaben in verschiedenen Projekten mehrfach und auf
unterschiedliche Weise gelöst werden.
Realistische Planungen und eine bedarfsgerechte Realisierung verbessern die Leistungsfähigkeit durch den optimalen Einsatz der Ressourcen. „Was oft auffällt, ist die Tatsache, dass in
der Software-Entwicklung häufiger falsche Terminschätzungen gemacht werden als in anderen Ingenieur-Disziplinen. Dieses Fehlverhalten kommt daher, dass man sich zu oft nach einem Wunschtermin richtet und weniger nach dem Machbaren." [BöFu02, S. 466] „Ein häufig
wechselnder Einsatz von (externen) Ressourcen in der Entwicklung ist häufig ursächlich für
aufwändige Nachbearbeitungen" (vgl. [Geb08, S. 1]).
Die o.g. Aktivitäten des Anforderungsmanagements tragen wesentlich zur Senkung der Entwicklungskosten bei.

Wenn der Aufwand für die Herstellung von Software für eigene Zwecke mit einem hohen wirtschaftlichen Nutzen verbunden ist, stellt dieser eine Investition mit wirtschaftlichem Einsparpotential dar. Durch Automatisierung werden Fehlerquellen und damit Fehlerkosten verringert.

Anschaffungskosten für Software

Bei der Anschaffung von Software müssen zahlreiche Aspekte berücksichtigt werden.
Auch der Beschaffung von Standardsoftware muss eine sorgfältige Anforderungsanalyse vorausgehen. Ein nicht zu unterschätzender Aspekt sind die individuellen Unternehmensanforderungen. Die Leistungsmerkmale müssen den Unternehmensanforderungen entsprechen. Wenn Standardsoftware nicht durchgängig eingesetzt wird, sind ggf. die Schnittstellen aufwändig anzupassen. Der Aufwand für das Customizing und die Anpassung der Organisation an die Standardsoftware kann gerade in großen Projekten sehr hoch werden und die Anschaffungskosten übersteigen. Daneben entsteht eine gewisse Hersteller- / Produktabhängigkeit, wodurch auch erhebliche wirtschaftliche Risiken entstehen können. Da die Standardsoftware allgemeingültig konzipiert ist und daher zahlreiche Funktionen enthält, die für den Einsatzzweck nicht benötigt werden, muss mit erhöhtem Ressourcenverbrauch und schlechterer Performance gerechnet werden.

Korrekturaufwand

Die Ursachen sind vielfältig. Beispiele sind unklare, unvollständige oder fehlerhafte Anforderungen, unerkannte Abhängigkeiten, Inkonsistenzen im Produktivbetrieb, unzureichende Revisionsfähigkeit, etc..

„Die IT-Entwicklungsabteilungen der Unternehmen müssen regelmäßig übermäßig viel Aufwand in die Nachbearbeitung ihrer neuen oder modifizierten Software-Lösungen stecken, [...]. In jedem fünften Fall sogar liegen die erforderlichen Mehrleistungen durchschnittlich bei über 20 Prozent im Vergleich zum eigentlichen Entwicklungsaufwand." [Geb08, S. 1] Hinzu kommen die indirekten Kosten, wie etwa Stand-/Ausfallzeiten.
Konsolidierte und qualitätsgesicherte Anforderungen verringern den Korrekturaufwand. „Die Korrektur von Fehlern, die in der Definitionsphase gemacht werden, ist besonders teuer. Mit zunehmender Verweildauer eines Fehlers im Entwicklungsprozess steigen die Behebungskosten aufgrund des Summationseffektes exponentiell an" (vgl. [Balz98, S. 288]).

Kosten der Wartung und Weiterentwicklung

Die Vermeidung der Implementierung von überflüssiger Systemfunktonalität und die Beachtung von Abhängigkeiten und zukünftigen Anforderungen verbessern die Güte der zu erstellenden Artefakte. Dies hat einen signifikanten Einfluss auf die Kosten für Wartung und Weiterentwicklung.

Die Wartungskosten sind in der Regel zwei- bis viermal so hoch wie die der Entwicklung (Ba00).

„Darüber hinaus birgt die hinreichende Berücksichtigung der besonderen Qualitätsanforderungen ein erhebliches Einsparpotential" (vgl. Norm DIN EN ISO66272 [NORM DIN95]), hier ist insbesondere die Änderbarkeit zu nennen. Eine sorgfältige Dokumentation verbessert die Analysierbarkeit sowie die Modifizierbarkeit und damit auch die Einsatzdauer positiv.

Zukünftige Anforderungen, die im Design nicht berücksichtigt sind, können eine entsprechende Weiterentwicklung extrem verteuern. Um eine zukunftsfähige Software zu erstellen, sind selbstverständlich Aspekte der Interoperabilität und Übertragbarkeit zu beachten.

Einsatzkosten

Neben den vorgenannten Kosten sind weitere Einsatzkosten zu berücksichtigen. Maßgeblich sind beispielsweise Lizenzkosten, Helpdesk-Anrufe, Support-Kosten, speziell benötigte Hardware, Betriebsmittelbedarf.

Die Herstellungskosten sind oft deutlich geringer als die Einsatzkosten. Nicht selten stehen trotzdem die Herstellungskosten im Vordergrund der Betrachtungen.

Termin-, Kosten und Qualitätsrisiken

Durch negative Projektabweichungen können dem Unternehmen erhebliche Schäden (z.B. Vertragsstrafen/ Schadensersatz, Opportunitätskosten, Imageverlust, spätere Stand-/ Ausfallzeiten etc.) entstehen. Die eingangs erwähnte Erfolgsrate deutscher Softwareprojekte von 50,7 % zeigt die Wichtigkeit einer Risikostrategie. Ein wichtiger Erfolgsfaktor ist die Risikoerkennung.

Aufgabe des Anforderungsmanagements ist es, die Anforderungen früh zu konsolidieren, klar zu spezifizieren und deren Realisierung realistisch zu planen. Das Anforderungsmanagement kann Planabweichungen vermeiden, indem es präzise, genau abgegrenzte und möglichst stabile Anforderungen spezifiziert. Auch dem Zukauf von Produkten oder Teilprodukten muss eine sorgfältige Anforderungsanalyse vorausgehen. Mittels eines effizienten Anforderungsmanagements können die Eintrittswahrscheinlichkeit der genannten Projektrisiken deutlich reduziert werden.

Effizienzverluste durch unzureichende Usability

Effizienzverluste machen Geschäftsprozesse teurer, als sie sein müssten.
Im Rahmen der Spezifikation der Anforderungen nimmt das Anforderungsmanagement Einfluss auf die Gebrauchstauglichkeit der Softwareprodukte. In Abhängigkeit vom Nutzungskontext kann der Unternehmenserfolg über die Gebrauchstauglichkeit der Produkte in hohem Maße beeinflusst werden. Beispielsweise drückt sich die Erfolgswirksamkeit im Kontext des Online-Shoppings in der Kaufentscheidung des Kunden aus.
„Je gebrauchstauglicher ein Shop gestaltet ist, umso höher wird die Intention von Online-Kunden ausfallen, im Shop zu kaufen bzw. umso höher ist die Wahrscheinlichkeit, dass positive Kaufentscheidungen getroffen werden." [Chris06, S. 58] Auch die Software, die innerhalb des Unternehmens von den Mitarbeitern genutzt wird, birgt ein erhebliches Optimierungspotential, u.a. auch Potential zur besseren Identifikation der Mitarbeiter mit ihrem Unternehmen. Einfache Benutzerschnittstellen senken den Schulungsaufwand und beschleunigen den Workflow. Eine nicht dem Bedarf entsprechende Software verursacht versteckte Kosten für „Futzing" (Anwenderselbsthilfe) und Umgehungslösungen.
Durch die Verbesserung der Gebrauchstauglichkeit kann durchaus eine ansehnliche Beschleunigung der Abwicklung von Vorgängen erreicht werden. Bereits durch Optimierungen im Minutenbereich können bei einer entsprechenden Anzahl von Anwendern ansehnliche Kosteneinsparungen erreicht werden. Ebenso kann das Image des Unternehmens positiv beeinflusst werden. Nicht zuletzt ist die Gebrauchstauglichkeit des Internetauftritts zu nennen. Dieser stellt die Visitenkarte des Unternehmens dar.

Qualitätskosten (DIN ISO 55350 und DIN EN ISO 8402)

In der traditionellen Qualitätskostenrechnung werden die Kostenelemente Fehlerverhütungskosten, Prüfkosten und Fehlerkosten unterschieden.

Nicht alle der genannten Kosten sind als Kosten mit negativen finanziellen Konsequenzen zu interpretieren. Insbesondere die präventiven Maßnahmen, wie fehlerverhütende oder vorbeugende Tätigkeiten, stellen weniger ein Kostenfaktor dar, sondern vielmehr eine Investition in die Qualität, nämlich zur Senkung der Fehlerkosten. Diese Kosten stellen damit einen positiven Beitrag zum Unternehmenserfolg dar.
Prüfkosten entstehen, um zu vermeiden, dass bereits entstandene fehlerhafte Produkte produktiv gesetzt werden. Diese Maßnahmen zur Sicherstellung der Qualität sind einerseits präventiv, andererseits entstehen diese Kosten erst aufgrund mangelnder Qualität.
Die Fehlerkosten mit ihren Fehlerfolgekosten und versteckten Kosten (wie z.B. Mindererlöse, Kundenabwanderung, ungenutzte Marktchancen, Produktivitätsverluste, etc.) stellen einen negativen Beitrag zum Unternehmenserfolg dar.

Die Kosten, die im Anforderungsmanagement für eine sorgfältige Anforderungsanalyse und Anforderungskonsolidierung entstehen, sind als Präventivmaßnahmen den Fehlerverhütungskosten zuzurechnen. Diese Investition reduziert die nachgelagerten Prüf-, Fehler- und Fehlerfolgekosten zum Teil exponentiell.

Tabelle 1: Erfolgswirkung und Einfluss des Anforderungsmanagements auf der „Aufwandsseite" des GuV-Kontos

Erfolgswirkung und Einfluss des Anforderungsmanagements auf der „Ertragsseite" des GuV-Kontos

Einnahmen aus dem Verkauf der Softwareprodukte

Mit qualitativ hochwertiger Software lassen sich höhere Preise im Markt erzielen. Eine hohe Produktqualität verbessert das Image und wirkt sich positiv auf den Umsatz aus, den es ertragswirksam zu steigern gilt.

Generierung von Einnahmen durch E-Business

Typische Geschäftsbereiche sind Business-to-Consumer (B2C), Business-to-Business (B2B), Government-to-Business (G2B). Durch den innovativen Informationstransfer wird ein (multipler) elektronischer Wert für den Kunden und den Anbieter geschöpft:

- Strukturierungswert,
- Selektionswert,
- Matchingwert (Zusammenführung von Anbietern und Nachfragern),
- Transaktionswert,
- Abstimmungswert (Kooperationen),
- Kommunikationswert (vgl. [Koll08, S. 30f.]).

Durch die vorgenannten Aspekte wird das Online-Angebot für den Kunden / Geschäftspartner attraktiv und stellt eine eigenständige Quelle von Wettbewerbsvorteilen dar. Das E-Business ergänzt den Vertrieb. Der Anbieter/ Transaktionspartner ist grundsätzlich 24 Stunden am Tag, 7 Tage pro Woche komfortabel erreichbar.
„E-Business erfordert sehr schnelle Entwicklungszyklen. [...] Kontinuierliches Anforderungsmanagement ermöglicht [...] rasche Entwicklungszyklen und ein schnelles Reagieren auf neue Herausforderungen." [Schi01, S. 24]

Erfüllungsgrad der Produktanforderungen

Die Unternehmen, deren Geschäftszweck der Verkauf von Software darstellt, haben den größten Verkaufserfolg, wenn ihr Produkt die Basis- und Leistungsanforderungen der Kunden optimal abdeckt. Um Kundenbindung und Loyalität ihrer Kunden aufzubauen, müssen Unternehmen darüber hinaus neue Ideen und Begeisterungsfaktoren entwickeln. Die so entstehenden Wettbewerbsvorteile führen zu einer dauerhaften Nachfrage und einer Steigerung des Geschäftserfolgs sowie des Firmenwertes. Eine dauerhafte Kundenbindung birgt erhebliche Wachstumschancen.

Die Aktivitäten Analyse und Konsolidierung der Anforderungen im Anforderungsmanagement tragen vor diesem Hintergrund dazu bei, die Umsätze zu steigern und hohe Gewinnmargen zu halten.

Früherer Markteintritt

Unternehmen, die die Produktanforderungen ihrer Kunden schnell und erfolgreich umsetzen, erzielen einen schnelleren Nutzen als jene, die weniger effektiv sind. Durch ein professionelles Anforderungsmanagement lässt sich die Entwicklungszeit verkürzen. Durch einen früheren Markteintritt lässt sich wiederum der Marktanteil verbessern und damit der Umsatz ertragswirksam steigern.

Wertorientierte Planung und Steuerung

Insbesondere bei Umsetzungsalternativen und auch bei der Steuerung der Umsetzung von Anforderungen werden Bewertungen und Priorisierungen erforderlich. Durch das Anforderungsmanagement werden Konkurrenzen sichtbar gemacht. Das Management der Anforderungen orientiert sich idealerweise am Wertbeitrag zum Projekterfolg.

Tabelle 2: Erfolgswirkung und Einfluss des Anforderungsmanagements auf der „Ertragsseite" des GuV-Kontos

4   Das adaptierte EFQM-Modell als Rahmenwerk zur Optimierung des Anforderungsmanagements

Im vorangegangenen Kapitel wurde dargestellt, welchen Einfluss die Güte des Anforderungsmanagements auf den Unternehmenserfolg hat. Es ist daher folgerichtig und sinnvoll, systematisch Optimierungsmöglichkeiten zu identifizieren.

Zur Qualitätsverbesserung und –sicherung existieren verschiedene Qualitätsmanagementkonzepte. Beispielhaft genannt seien CMMI, SPICE, DIN EN ISO 9001:2000 und TQM/EFQM. Aufgrund seiner ganzheitlichen Betrachtungsweise und seiner offenen Grundstruktur wird die Adaptierung des EFQM-Modells zur Optimierung des Anforderungsmanagements im Rahmen dieser Arbeit vorgeschlagen. Bei dem EFQM-Modell handelt es sich um einen prozessorientierten Ansatz, der den natürlichen Verlauf des Wertschöpfungsprozesses im Anforderungsmanagement berücksichtigt. Es werden keine inhaltlichen Qualitätsvorgaben getroffen und es lässt sich individuell auf die Besonderheiten des Anforderungsmanagements abstimmen. Für das Anforderungsmanagement ist eine individuelle Anpassung aufgrund des Paradigmas der objektiven Messung erforderlich, weil sich eine objektive Messung wesentlicher Schlüsselergebnisse des Anforderungsmanagements mit vertretbarem Aufwand schwer realisieren lässt. Auf der oberen Ebene unterscheidet das Modell zwischen Befähiger- und Ergebniskriterien.

Nachstehend werden die neun Hauptkriterien des EFQM-Modells in Bezug auf die Belange des Anforderungsmanagements behandelt und konkrete Handlungsfelder mit generellem Verbesserungspotenzial vorgeschlagen.

4.1   Befähiger

Die Befähiger ermöglichen die Ausbringung von Qualität.

4.1.1 Führung

Die Aufgabe der Führungsverantwortlichen im Anforderungsmanagement besteht in erster Linie darin, die Grundlagen dafür zu schaffen, dass die Organisationseinheit befähigt wird, Excellence in ihren Ergebnissen zu erreichen und langfristig zu erhalten. Dem tragen sie Rechnung, indem Sie eine Qualitätskultur nachhaltig fördern und verankern. Sie nehmen dabei eine Vorbildfunktion wahr. Mit Qualitätskultur wird im Rahmen dieser Arbeit das

Vorhandensein eines Qualitätsbewusstseins bei allen Beteiligten im Prozess des Anforderungsmangements verstanden. Dabei ist es nicht ausreichend, die Ergebnisse zu managen, denn die Ergebnisse liefern Informationen über die Vergangenheit. Um Excellence erreichen zu können, sind die drei fundamentalen Säulen des TQM, gleichzeitig und gleichwertig zu managen.

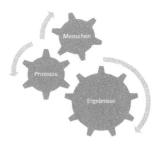

Abbildung 5: Fundamentale Säulen des TQM

Für das Anforderungsmanagement bedeutet das, Einfluss auf die relevanten Stakeholder, den Anforderungsmanagementprozess und die zu realisierenden/anzupassenden Systeme inklusive der sonstigen zu liefernden Artefakte zu nehmen. Dabei müssen die Führungsverantwortlichen die gegenwärtigen und zukünftigen Erwartungen der Kunden kennen.

Konkrete Handlungsfelder sind:

- Entwicklung einer Qualitätsvision,
- Präventives und systematisches Handeln,
- Persönliche Mitwirkung,
- Motivation und Unterstützung,
- Reflexion der Führung,
- Förderung unternehmerischen Handelns auf allen Ebenen,
- Beständigkeit hinsichtlich der Zielsetzung und offene Kommunikation derselben,
- Verantwortung übertragen,
- Rolle des Anforderungsmanagements im Unternehmen stärken,
- Kontinuierliche Verbesserung des Anforderungsmanagementprozesses,
- Investition in die Weiterbildung der Mitarbeiter,
- Entwicklung persönlicher Potentiale,
- Führung mittels moderner Managementmethoden, wie z.B. Management by Objectives,
- Engagement der Mitarbeiter wertschätzen,
- Entwicklungen beobachten und analysieren.

4.1.2 Mitarbeiter

Vom einzelnen im Bereich des Anforderungsmanagements tätigen Mitarbeiter wird Selbstverantwortung und Eigeninitiative gefordert, mit anderen Worten unternehmerisches Denken und Handeln. Voraussetzung dafür ist die Schaffung eines entsprechenden Rahmens, in dem die Mitarbeiter entsprechend agieren und sich entwickeln können. Dazu gehört eine auf Vertrauen basierende Unternehmenskultur. Vorbedingung für den ökonomischen Erfolg des Unternehmens, der maßgeblich von den Mitarbeitern bestimmt wird, sind deren Qualifikation und Motivation. Darüber hinaus ist ein klares Funktions- und Rollenverständnis von Nöten. Im Umfeld des Anforderungsmanagements sollte der Schwerpunkt auf der Weiterentwicklung ihrer Qualifikationen liegen.

Konkrete Handlungsfelder sind:

- Fortbildung und informelle Kompetenzentwicklung (Fachkenntnisse, Projektmanagementkenntnisse, IT-Kenntnisse, Methodenkenntnisse, Kommunikation, etc.),
- Einbeziehung der Mitarbeiter in den kontinuierlichen Verbesserungsprozess, hier des Anforderungsmanagementprozesses,
- Förderung des Wissenstransfers,
- Herausforderungen als Chance wahrnehmen, um sich weiter zu entwickeln,
- Pflege der Stakeholder-Beziehungen,
- Verbesserung der Servicementalität ,
- Anreizsysteme, die die Motivationsstrukturen der Mitarbeiter berücksichtigen,
- das eigene Handeln kontinuierlich verbessern.

4.1.3 Politik und Strategie

Mittels einer klaren strategischen Ausrichtung werden die grundlegenden Entscheidungen innerhalb einer Organisation getroffen. Politik und Strategie im Anforderungsmanagement müssen sich an den gegenwärtigen und zukünftigen Erwartungen der Stakeholder orientieren. Sie sind darauf ausgerichtet, die Ergebnisse des Unternehmens zu verbessern. Sie werden auf Basis von Informationen und aussagekräftigen Kennzahlen entwickelt, bewertet und umgesetzt. Die Art und Weise der Entwicklung und Kommunikation von Mission und Vision haben großen Einfluss darauf, wie sich die Mitarbeiter damit identifizieren. Auch Politik und Strategie müssen kontinuierlich überprüft und verbessert werden.

Konkrete Handlungsfelder sind:

- Der Anforderungsmanagementprozess als strategisches Handlungsfeld ist kontinuierlich zu verbessern,
- Politik und Strategie spiegeln sich im Anforderungsmanagementprozess wieder,
- Politik und Strategie müssen sich in der Ressourcenverteilung wiederspiegeln,
- Wenn Kennzahlen ausgewertet werden sollen, ist ihre Aussagekraft im Vorfeld genauestens zu untersuchen.

4.1.4 Partnerschaften und Ressourcen

Partnerschaften und Ressourcen sind so zu gestalten, dass Politik und Strategie unterstützt werden. Ziel von externen Partnerschaften kann beispielsweise die Effektivierung des Anforderungsmanagementprozesses sein. Das Managen von Ressourcen ist eine der Hauptaufgaben im Anforderungsmanagement. Durch die gezielte Steuerung des Ressourceneinsatzes wird der ökonomische Erfolg der Organisation signifikant verbessert. „Dabei sind die Ressourcen so zu steuern, dass die Umsetzung von Anforderungen mit Blick auf den Wertzuwachs für den Kunden erfolgt." (vgl. [Mayr08], S. 8).

Auf dem Gebiet des Anforderungsmanagements sind drei Wissensgebiete wesentlich, nämlich das entwicklungsrelevante fachliche Wissen, die Vision über das Zielsystem und die technischen Möglichkeiten. Da professionelle Softwareentwicklung ein arbeitsteiliger Prozess ist und das Wissen zudem auf verschiedene Rollen und Akteure verteilt ist, spielt Wissensvernetzung eine große Rolle. Der Analyst benötigt daher für seine Arbeit einen effizienten Zugang zu Wissen und Informationen.

Die Ausführung der Aktivitäten im Anforderungsmanagement erfordert eine dem Kontext zielgruppenspezifisch und situationsbezogene angepasste Vorgehensweise. Techniken und Werkzeuge zur Unterstützung müssen sorgfältig ausgewählt werden, damit sie ihren Nutzen voll entfalten können.

Konkrete Handlungsfelder sind:

- Gezielte Steuerung des Ressourceneinsatzes,
- Eingehen strategischer Kooperationen, um die Wertschöpfung des Anforderungsmanagements zu verbessern,
- Kontextbezogener Einsatz von Methoden und Werkzeuge, z.B. Kreativitätstechniken, Prototyping, etc.,
- Etablierung eines ganzheitlichen Wissensmanagements,
- Wertgesteuerte Planung .

4.1.5 Prozesse

„Es genügt nicht, alleine die Produkte des Softwareentwicklungsprozesses zu bewerten.
Neben den Qualitätsanforderungen an das Produkt sind weitere Anforderungen an den
Prozess zu beachten." (vgl. [Mell04, S. 39f.]) Innerhalb der Gruppe der Befähiger wird das
Kriterium Prozesse als wichtigstes erachtet. Der Anforderungsmanagementprozess steht
daher im Mittelpunkt des Anforderungsmanagements. Er wird mit der Zielsetzung der kontinuierlichen Verbesserung systematisch weiterentwickelt. Der Anforderungsmanagementprozess dient u.a. dazu, die Wertschöpfung für die Kunden und andere Stakeholder zu steigern. Für die Effizienz des Anforderungsmanagements ist die Akzeptanz durch die Mitarbeiter unerlässlich. Das Unternehmen profitiert von einem Anforderungsmanagementprozess,
der zu einer Verbesserung der Teamleistung führt, weil er dazu beiträgt, gute Ergebnisse zu
erzielen.

Konkrete Handlungsfelder sind:

- Systematische Entwicklung des Anforderungsmanagementprozesses und konti-
  nuierliche Verbesserung,
- Gestaltungsspielräume sind bewusst zu erhalten,
- Der Anforderungsmanagementprozess muss wohldefiniert sein und insbeson-
  dere vorgeben, wie Interessenskonflikte abschließend aufzulösen sind,
- Kontinuierliche Verbesserung der Qualität der Artefakte, die im Anforderungsmanagementprozess erstellt werden,
- Vertiefen und Managen der Kundenbeziehungen,
- Sämtliche Aktivitäten im Rahmen Anforderungsmanagementprozess sind vor
  dem Hintergrund zu erbringen, zur Wertschöpfung beizutragen,
- Wichtige Prozesskennzahlen sind zu überwachen, um Verbesserungspotenzial
  bezüglich des Anforderungsmanagementprozesses aufzudecken sowie Hand-
  lungs-/ Steuerungsbedarfe erkennen zu können, gleichzeitig ist die Relevanz der
  durch die Kennzahlen gewonnenen Aussagen permanent zu überprüfen.

4.2   Ergebnisse

Ergebnisse werden durch die Befähiger erreicht. Durch exzellente Ergebnisse werden die
Befähiger bestätigt und motiviert. Zusammen mit der unteren Ebene Innovation und Ler-
nen/Entwicklung entsteht ein geschlossener Regelkreis im Sinne einer kontinuierlichen
Qualitätsverbesserung.

4.2.1 Mitarbeiterbezogene Ergebnisse

Zwischen den mitarbeiterbezogenen Ergebnissen und den kundenbezogenen Ergebnissen besteht eine enge Determination. Hervorragende kundenbezogene Ergebnisse sind nur mit zufriedenen und motivierten Mitarbeitern zu erreichen. Umgekehrt werden die Mitarbeiter durch exzellente Arbeitsergebnisse sowie kundenbezogene Ergebnisse zusätzlich motiviert.

Konkrete Handlungsfelder sind:

- Weiterentwicklung der Mitarbeiter und individuelle Perspektiven für die Mitarbeiter,
- Wertschätzung und Honorierung der guten Leistungen der Mitarbeiter,
- Rahmenbedingungen des Arbeitsplatzes, wie das Gehalt und das Zusammenwirken der einzelnen Teammitglieder, Arbeitsumfeld, technische Ausstattung
- Moderner Führungsstil,
- Effektivität der Teams,
- Monitoring der Messergebnisse aus Mitarbeitersicht, um geeignete Steuerungsmaßnahmen einleiten zu können, z.B. Zufriedenheit mit dem Vorgesetzten, Zufriedenheit mit dem Gehalt, Zufriedenheit mit dem Arbeitsplatz,
- Monitoring der Leistungsindikatoren aus interner Sicht, um die Leistung der Organisation zu kontrollieren und möglichst vorherzusagen, wie die sich die mitarbeiterbezogenen Ergebnisse voraussichtlich entwickeln werden, z.B. Förderungen von Weiterbildung, Incentives, leistungsgerechte Bezahlung,
- Nachwuchsförderung, Rekrutierung neuer Mitarbeiter.

4.2.2 Kundenbezogene Ergebnisse

Aus gutem Grund hat dieses Kriterium auch für das Anforderungsmanagement das höchste Einzelgewicht. Die kundenbezogenen Ergebnisse wirken auf das Unternehmen zurück, weil der Kunde letztendlich über den Erfolg des Unternehmens entscheidet. Die Leistungen, die für den Kunden erbracht werden, müssen daher ihren Wünschen und Bedürfnissen entsprechen. Nur so kann das Unternehmen erfolgreich am Markt bestehen und langfristig ökonomischen Erfolg generieren, das gilt im Besonderen in einem globalen Marktumfeld.

Konkrete Handlungsfelder sind:

- Bessere Integration des Ideen- /Innovationsmanagements und des Portfoliomanagements, denn über einen hohen Erfüllungsgrad der Anforderungen (Basis- und Leistungsfaktoren) hinaus stellt das Entwickeln von Begeisterungsfaktoren eine große Herausforderung dar,

- Erschließung von Kreativitätspotentialen durch Workshops, Erfahrungsaustausch, Experimentieren mit neuen fachlichen oder technologischen Ansätzen,
- Engagement / Servicementalität in der Aufgabenerledigung,
- Monitoring der Messergebnisse aus Kundensicht, um geeignete Steuerungsmaßnahmen einleiten zu können, z.B. Qualität der Produkte,
- Monitoring der Leistungsindikatoren aus interner Sicht, um die Leistung der Organisation zu kontrollieren und möglichst vorherzusagen, wie die sich die kundenbezogenen Ergebnisse voraussichtlich entwickeln werden, z.B. Einhaltung der Service-Level-Agreements (SLA's).

4.2.3 Gesellschaftsbezogene Ergebnisse

Das Agieren einer Organisation oder Organisationseinheit wird auch vom gesellschaftlichen Umfeld bewertet. Neben der Wahrnehmung gesellschaftlicher Verantwortung wird ein bestimmtes Image geprägt. Dieses hat Auswirkungen auf die Akzeptanz. Ein positives Image erleichtert die Kunden- und Mitarbeiterakquise.

Konkrete Handlungsfelder sind:

- Wahrnehmung von Verantwortung,
- Engagement für das Umfeld,
- Monitoring der Messergebnisse aus Gesellschaftssicht, um geeignete Steuerungsmaßnahmen einleiten zu können, z.B. Image, Wahrnehmung der Gesellschaft, hier speziell Kundenbefragungen, Imageanalysen (z.B. Auswertung von Beiträgen in Foren, Bewertungen durch Kunden in Online-Portalen u.ä.),
- Monitoring der Leistungsindikatoren aus interner Sicht, um die Leistung der Organisation zu kontrollieren und möglichst vorherzusagen, wie die sich die gesellschaftsbezogenen Ergebnisse voraussichtlich entwickeln werden, z.B. Engagement für das Umfeld.

4.2.4 Schlüsselergebnisse

Das Bewertungsfeld der Schlüsselergebnisse betrachtet die Ergebnisse der betrachteten Organisationseinheit aus der eigenen Perspektive. Welche Ergebnisse als Schlüsselergebnisse angesehen werden, ist durch das EFQM-Modell nicht vorgegeben. Es bietet sich grundsätzlich an, operative Ergebnisse, wie monetäre Ergebnisse und die wesentlichen Ergebnisse der Leistungserbringung sowie strategische Ergebnisse, wie Potentiale zu bewerten. Im Rahmen von Bewertungen nach dem EFQM-Modell gilt, wie oben bereits erwähnt, das Paradigma der objektiven Messung. Diese Erwartungshaltung auf das Feld des Anforderungsmanagements zu übertragen, stellt eine große Herausforderung dar. Ohne Frage lassen sich beispielsweise die Anzahl der Anforderungen, das Volumen der benötigten Ressourcen für die Umsetzung von Changes, die Anzahl der Rückweisungen im Prozess, die Prozessdauer, Termineinhaltungen, etc. als wesentliche Schlüsselergebnisse messen. Unreflektiert lässt sich das Zahlenmaterial allerdings kaum bewerten. Steuerungsmaßnahmen können sich hier schnell kontraproduktiv auswirken. Daneben dürfen Messergebnisse nicht mit Annahmen / Schätzungen vermengt werden.

Allein die Anzahl von Anforderungen sagt nichts darüber aus, welches Volumen an Ressourcen für die Umsetzung benötigt wird. Wird das tatsächlich benötigte Volumen an Ressourcen betrachtet, so ist es trotz der einschlägigen Messmethoden schwer, objektiv und mit vertretbarem Aufwand zu bewerten, ob die benötigten Ressourcen für die konkrete Umsetzung von Anforderungen angemessen sind; sofern, wie es z.B. bei Eigenentwicklungen üblich ist, keine Konkurrenzangebote eingeholt werden. Noch schwerer fällt die Beurteilung, ob tatsächlich genau deshalb Ressourcen eingespart werden konnten, weil die Anforderungen exzellent spezifiziert waren, so dass in der Folge Aufwand in nachgelagerten Prozessen (exponentiell) reduziert werden konnte. Umgekehrt kann ein hoher Bedarf an Ressourcen mannigfaltige Ursachen haben, die nicht durch das Anforderungsmanagement beeinflusst werden. Oftmals mangelt es an der Vergleichbarkeit von Messwerten. Ebenso können Rückweisungen im Prozess vielfältige Ursachen haben, nämlich von der Änderung externer Rahmenbedingungen bis hin zu persönlichen Begehrlichkeiten und unterschiedlichen Erwartungshaltungen einzelner Prozessbeteiligter. Die Dauer des Prozessdurchlaufs wird dadurch beeinflusst, wie frühzeitig fachliche Anforderungen in den Prozess eingesteuert werden. Und eigentlich ist dies der Sache dienlich, da diese Anforderungen bei der Ressourcenplanung Berücksichtigung finden können. Erfahrungsgemäß ist die Wahrscheinlichkeit hoch, dass Anforderungen in einem frühen Stadium noch nicht sehr stabil sind und sich im Verlauf noch Änderungen ergeben werden. Der Vorteil der Transparenz wirkt sich zu Lasten der Prozessdauer aus. Eine Übersteuerung der Größe Prozessdauer kann sich negativ auf die Qualität der Anforderungsdokumente auswirken.

Ähnlich verhält es sich mit der Termintreue. Eine Übersteuerung kann hier dazu führen, dass die Termineinhaltung zwar verbessert wird, allerdings zu Lasten des Ressourcenbedarfs, weil entsprechende Risikozuschläge kalkuliert werden müssen oder der Qualität als einem der Quantität grundsätzlich entgegen stehenden Ziel.

Vor diesem Hintergrund sind auch Entwicklungen und Trends aufgrund der Aussagekraft der Basisdaten wenig aussagekräftig. Durch die Messung solcher Daten können lediglich Auffälligkeiten sichtbar gemacht werden.

Kennzahlen zur Bewertung monetärer und operativer Ergebnisse für den Bereich des Anforderungsmanagements, die dem Anspruch genügen, mit vertretbarem Aufwand objektiv mess- und bewertbar zu sein und als effektive Steuerungsgrößen für Schlüsselziele dienen zu können, werden daher vorerst nicht vorgeschlagen, weil die Gefahr durch eine Fehl- oder Übersteuerung als zu groß eingeschätzt wird und sich schnell kontraproduktiv auswirken kann. Stattdessen wird der Fokus auf die Generierung von Potenzialen gelegt, denn der Schlüssel für die Erfolgswirkung liegt in der Qualität der Anforderungskonsolidierung und

Anforderungsspezifikationen, weil die Fehlervermeidung in dieser frühen Phase am effektivsten ist.

Konkrete Handlungsfelder:

- Individuelle Qualifizierung der Mitarbeiter und Einsatz entsprechend ihrer Stärken,
- Prozessverbesserung,
- Optimale Werkzeugunterstützung,
- Reviews der Anforderungsdokumente,
- Schaffung von Freiräumen für die Durchführung von Reviews durch Teammitglieder oder externer Berater,
- Schaffung von Freiräumen für die Entwicklung wiederverwendbarer Artefakte,
- Vorantreiben eines ganzheitlichen Wissensmanagements,
- Identifizierung aussagekräftiger objektiver Kennzahlen für die Schlüsselergebnisse des Anforderungsmanagements.

5   Fazit

In einem globalen Marktumfeld überzeugt ein Unternehmen auf lange Sicht nur durch Qualität. Die Ausführungen zur Erfolgsrelevanz von Qualität im Anforderungsmanagement haben deutlich gemacht, wie die Kundenzufriedenheit und der Unternehmenserfolg durch die Güte der Aufgabenwahrnehmung beeinflusst werden. Damit ist ein umfassendes und konsequentes Qualitätsmanagement im Bereich des Anforderungsmanagements als strategischer Erfolgsfaktor erkannt worden.

Mit dem EFQM-Modell steht ein Instrument zur Verfügung, dessen Anwendung das Unternehmen im Allgemeinen und das Anforderungsmanagement im Speziellen in seiner Wertschöpfung entscheidend voranbringen kann.

Dieses Potenzial zu nutzen, stellt zukünftig eine notwendige wie auch große Herausforderung dar.

Die Identifizierung aussagekräftiger objektiver Kennzahlen für die Schlüsselergebnisse des Anforderungsmanagements sollte Gegenstand künftiger Untersuchungen sein.

Abkürzungsverzeichnis

CMMI	Capability Maturity Model Integration
EFQM	European Foundation for Quality Management
EQA	European Quality Award
SLA	Service-Level-Agreement
SPICE	Software Process Improvement and Capability Determination
TQM	Total Quality Management

Abbildungsverzeichnis

Tabellenverzeichnis

Glossar

Artefakt

Ein Artefakt ist ein Stück Information, dass durch Mitarbeiter erzeugt, modifiziert oder genutzt wird. Der Begriff Artefakt wird als generelle Bezeichnung für alle Typen von Ergebnissen im Projekt verwendet. Ein Artefakt kann ein Dokument, ein Modell, ein Modellelement, ein Testfall oder auch Quellcode, etc. sein.

Incentives

Anreize, die vom Unternehmen eingesetzt werden, um Einzelpersonen zu motivieren oder zu belohnen.

Usability

Gebrauchstauglichkeit

Stakeholder

Stakeholder sind Personen mit Einfluss oder Interesse an einer Anforderung.

Traceability

Nachvollziehbarkeit von Informationen.

Literatur

Balz96   BALZERT, Helmut: *Lehrbuch der Software-Technik : Software-Entwicklung.*
            Heidelberg ; Berlin ; Oxford : Spektrum, 1996

Balz98   BALZERT, Helmut: *Sofware-Qualitätssicherung : Software-Management,*
            Software-Qualitätssicherung und Unternehmensmodellierung. Heidelberg ;
            Berlin ; Oxford : Spektrum, 1998

BMAG09   BÖRSENMEDIEN AG (Hrsg.): Deutschland: Schwerste Rezession seit 1949.
            In: *Der Aktionär Online,* 23.04.2009.
            http://www.deraktionaer.de/xist4c/web/Konjunktur--Wirtschaftskrise--
            Bruttoinlandsprodukt-Deutschland_id_1689__dId_10061599_.htm
            30.06.2009

BöFu02   BÖHM, Rolf ; FUCHS, Emmerich: *System-Entwicklung in der Wirtschaftsin-*
            formatik : Systems Engineerin. Edition 5. Zürich : vdf Hochschulverlag,
            2002

BPA09   PRESSE- UND INFORMATIONSAMT DER BUNDESREGIERUNG (Hrsg.): Wir
            haben schon ganz andere Herausforderungen
            Bewältigt. In: *Regierung Online,* 11.03.2009.
            http://www.bundesregierung.de/nn_1500/Content/DE/Interview/2009/0
            3/2009-03-12-merkelbild.html
            30.06.2009

Bus+06   *BUSCHERMÖHLE, Ralf ; EEKHOFF, Heike ; JOSKO, Bernhard ; INSTITUT OF-*
            FIS E. V.(Hrsg.): Success : Erfolgs- und Misserfolgsfaktoren bei der Durch-
            führung von Hard- und Softwareentwicklungsprojekten in Deutschland
            2006. Report VSEK/55/D. Oldenburg : Offis, 2006

Chris06   CHRISTOPHERSEN, Timo ; UNIVERSITÄT KIEL (Hrsg.): *Usability im Online-*
            Shopping [Elektronische Ressource] : Entwicklung eines Fragebogeninstru-
            mentes (ufosV2) unter Berücksichtigung formativer und reflektiver Mess-
            modelle. Kiel, 2006

DIN06   DIN Deutsches Institut für Normung e. V. (Hrsg.): *Qualitätsmanagement*
            DIN EN ISO 9000 ff. - Dokumentensammlung. 4. Auflage. Berlin ; Wien ;
            Zürich : Beuth, 2006

DIN95   DIN Deutsches Institut für Normung e. V. (Hrsg.): *Norm DIN 66272: Bewer-*
            ten von Softwareprodukten. Berlin : Berlin ; Wien ; Zürich : Beuth, 1995

EFQM03   EFQM EUROPEAN FOUNDATION FOR QUALITY MANAGEMENT (Hrsg.): *Das*
            EFQM-Modell für Excellence. Brüssel : 1999-2003.

Geb08 GEBERT, *Philipp* ; GEBERT SOFTWARE (Hrsg.): *Studie: Nachbearbeitungs-aufwand von Software.* Öhringen, 2008

KBSt09 KOORDINIERUNGS- UND BERATUNGSSTELLE DER BUNDESREGIERUNG FÜR INFORMATIONSTECHNIK IN DER BUNDESVERWALTUNG IM BUNDESMI-NISTERIUM DES INNERN (Hrsg.): *Teil 1 Grundlagen des V-Modells : V-Modell ®XT.* Version 1.3, 02.2009. http://www.v-modell-xt.de/ 30.06.2009

Koll08 KOLLMANN, Tobias: *E-business: Grundlagen elektronischer Geschäftspro-zesse in der net Economy.* 3. Auflage. Wiesbaden : Gabler, 2008

Knoll01 KNOLL, Jens: *Das europäische Qualitätsmodell der EFQM - Darstellung und würdigende Einordnung in die Total Quality Management Diskussion.* München : Grin, 2001

KrBo99 KRUCHTEN, Philippe ; BOOCH, Grady (Mitarb.): *Der Rational Unified Pro-cess : Eine Einführung.* München : Addison-Wesley, 1999

Kruc03 KRUCHTEN, Philippe: *The Rational Unified Process : An Introduction.* 3. Auflage. Amsterdam : Addison-Wesley, 2003

LeWi99 LEFFINGWELL, Dean ; WIDRIG, Don: *Managing Software Requirements : A Unified Approach.* Amsterdam : Addison-Wesley, 1999

Mayr08 MAYR, Herwig ; FAKULTÄT FÜR INFORMATIK, KOMMUNIKATION UND MEDIEN HAGENBERG, FACHHOCHSCHULE OBERÖSTERREICH: *Effiziente Managementinformation bei agilen Vorgehensweisen – ein Widerspruch? 2008.* http://www.softwarequalitaet.at/pages/texte/Fachtagung_2008/BeitrMayr.pdf 30.06.2009

Mell04 MELLIS, Werner: *Projektmanagement der SW-Entwicklung : Eine umfas-sende fundierte Einführung.* Wiesbaden : Vieweg, 2004

Mies04 MIESCHKE, Lutz: *Strategisches Geschäftsmodell der Informationstechnolo-gieberatung.* Wiesbaden : Gabler, 2004

PeGo01 PEPER, C. ; GOTZHEIN, R ; UNIVERSITÄT KAISERSLAUTERN (Hrsg.): *For-schungsergebnisse : Der Requirement-Pattern-Ansatz.* 2001. http://vs.informatik.uni-kl.de/activities/silicon/reqPatterns.pdf 30.06.2009

Rupp07 RUPP, Chris ; SOPHIST GROUP (Hrsg.): *Requirements-Engineering und – Management : Professionelle, iterative Anforderungsanalyse für die Praxis.* 4. Auflage. München ; Wien : Hanser, 2007

Schi01   SCHIENMANN, Bruno: *Kontinuierliches Anforderungsmanagement : Pro-
            zesse - Techniken – Werkzeuge.* München : Addison-Wesley, 2001

SoSa97   SOMMERVILLE, Ian ; SAWYER, Pete: *Requirements Engineering : A Good
            Practice Guide.* Chichester : Wiley, 1997

www.ingramcontent.com/pod-product-compliance
Lightning Source LLC
La Vergne TN
LVHW042305060326
832902LV00009B/1288